¿Quiénes fueron los hermanos Wright?

¿Quiénes fueron los hermanos Wright?

James Buckley Jr.

Ilustraciones de Tim Foley

loqueleo

Para el difunto Peter M. Wright quien, sin ser uno de los famosos hermanos Wright, me dio alas para escribir.

J.B.

loqueleo

Título original: *Who Were The Wright Brothers?*
© Del texto: 2014, James Buckley Jr.
© De las ilustraciones: 2014, Tim Foley
© De la ilustración de portada: 2014, Nancy Harrison
Todos los derechos reservados.

Publicado en español con la autorización de Grosset & Dunlap, un sello de Penguin Young Readers Group, una división de Penguin Random House LLC.
Who HQ^{TM} y todos los logos relacionados son marcas registradas de Penguin Random House LLC.

© De esta edición:
2019, Vista Higher Learning, Inc.
500 Boylston Street, Suite 620.
Boston, MA 02116-3736
www.vistahigherlearning.com
www.loqueleo.com/us

Dirección editorial: Isabel C. Mendoza
Coordinación de montaje: Claudia Baca
Traductor: Eduardo Noriega
Servicios editoriales por Cambridge BrickHouse, Inc.
www.cambridgebh.com

Loqueleo es un sello de **Santillana**. Estas son sus sedes:
ARGENTINA, BOLIVIA, BRASIL, CHILE, COLOMBIA, COSTA RICA, ECUADOR, EL SALVADOR, ESPAÑA, ESTADOS UNIDOS, GUATEMALA, MÉXICO, PANAMÁ, PARAGUAY, PERÚ, PORTUGAL, PUERTO RICO, REPÚBLICA DOMINICANA, URUGUAY Y VENEZUELA.

¿Quiénes fueron los hermanos Wright?
ISBN: 978-1-631-13432-6

Todos los derechos reservados. Esta publicación no puede ser reproducida, ni en todo ni en parte, ni registrada en o transmitida por un sistema de recuperación de información, en ninguna forma ni por ningún medio, sea mecánico, fotoquímico, electrónico, magnético, electroóptico, por fotocopia o cualquier otro, sin el permiso previo, por escrito, de la editorial.

Published in the United States of America.

1 2 3 4 5 6 7 8 9 GP 24 23 22 21 20 19

Índice

¿Quiénes fueron los hermanos Wright?............. 1

Los hermanos menores 5

Impresores y editores 15

Los Wright sobre ruedas 24

Inspirados para volar 31

"¡Eso es ser feliz!".. 42

Rumbo a Kitty Hawk..................................... 48

Los primeros vuelos.. 62

"¿Pilotos o mentirosos?" 74

Fama mundial 79

Su legado en el aire 91

Líneas cronológicas.. 102

¿Quiénes fueron los hermanos Wright?

El 25 de mayo de 1910, Milton Wright hizo su primer vuelo en avión. Vivió una vida, larga y ajetreada, trabajando para su iglesia, levantando a su familia y viajando; pero nunca se había montado en un avión. ¡Por supuesto, en 1910, solo un puñado de personas lo había hecho!

Dos personas que sí tenían experiencia en ello eran sus hijos, Wilbur y Orville Wright, quienes inventaron el avión en 1903. Milton vio a estos muchachos, curiosos y trabajadores, convertirse en dos de los hombres más famosos del mundo.

Los hermanos Wright construyeron y volaron su avión después de años de ensayos, errores y mucho esfuerzo. Desde comienzos del siglo XX hasta hoy, cada avión que se ha construido incluye algo que los hermanos Wright fueron los primeros en crear.

Su invento cambió al mundo. Sin embargo, ese día de mayo de 1910, a los hermanos solo les importaba algo simple: estaban felices de compartir su éxito y alegría con su padre, quien les había brindado mucho apoyo.

En un campo no muy lejano de su hogar en Dayton, Ohio, Orville Wright acomodó a su padre de ochenta y un años en el avión. Luego, se sentó frente a los controles y cada uno se sujetó mientras el avión lentamente adquirió velocidad ¡y despegó! Dieron vueltas sobre el campo, una y otra vez, manteniéndose en el aire por casi siete minutos.

Durante el vuelo, Milton se inclinó hacia su hijo y, en medio del ruido del motor, le gritó: "Más alto, Orville…, más alto".

Y allí fue a donde Orville llevó a Milton… y a donde los hermanos Wright llevaron a la humanidad.

Capítulo 1
Los hermanos menores

Los hermanos Reuchlin y Lorin Wright nacieron en Indiana. Reuchlin se convirtió en granjero y Lorin trabajó como contable.

Estos hermanos Wright tenían dos hermanos menores que llegaron a adquirir mucha más fama.

Wilbur Wright nació en Millville, Indiana, en 1867 y Orville Wright nació cuatro años después en Dayton, Ohio. Su hermana menor, Katharine, nació en 1874. Sus padres se llamaban Milton y Susan Wright.

Milton era obispo de la Iglesia Hermanos Unidos en Cristo. También fue editor de un periódico de esa iglesia y miembro de concilios religiosos. Con frecuencia, viajaba para visitar a sus feligreses. Como obispo que era, los ayudaba a organizar sus iglesias y escuchaba sus problemas.

Mientras Milton viajaba, Susan crió a sus cinco hijos. La familia se mudó varias veces cuando estos estaban pequeños, así que ella tuvo que reconstruir

su hogar una y otra vez. El hecho de que fuera hábil para hacer y arreglar cosas la benefició mucho. Ayudó a sus hijos a construir un trineo y otros juguetes. Wilbur y Orville siempre reconocieron que su amor por las cosas mecánicas lo heredaron de su madre.

La familia Wright vivió en Indiana y en Iowa hasta que, finalmente, se estableció en Dayton, Ohio, en 1884. Era un buen lugar para criar niños varones porque tenían muchos amigos en las cercanías y lugares para explorar.

Hasta el final de su adolescencia, Wilbur pasó la mayor parte del tiempo junto a sus hermanos mayores, Lorin y Reuchlin. Él era el miembro más joven de Dayton Boys, la coral donde también cantaban sus hermanos. Jugó fútbol americano para un equipo escolar y algunos amigos lo apodaron el corredor más rápido del pueblo. Rindió bien en la escuela y obtuvo buenas calificaciones en Matemáticas, Griego, Latín, Ciencias y Redacción.

WILBUR WRIGHT

Orville era un joven muy curioso e inquieto. No le gustaba hacer las cosas como los demás. Cuando tenía cinco años, su madre lo dejaba ir caminando solo a un jardín de infancia cercano. Al cumplirse un mes de clase, Susan fue a ver a la maestra para preguntarle cómo le iba a Orville. Ella le respondió: "Sepa usted que no lo veo desde los primeros días de clase. Creía que usted había decidido dejarlo en casa". Resultó ser que Orville pasaba el día en casa de un amigo, en vez de ir al jardín de infancia.

Aunque Orville era brillante, la escuela no era su

ORVILLE WRIGHT

lugar favorito. Por eso, una de sus maestras decidió sentarlo en la primera fila, para mantenerlo vigilado.

Orville encontró maneras de hacer dinero. Ayudó a algunos amigos a montar un circo y, para atraer público, organizó un desfile a través del pueblo. Con Wilbur, construyeron cometas y otros juguetes para divertirse.

Los dos hermanos recibieron mucho apoyo de sus padres, quienes les permitieron explorar el mundo que los rodeaba.

Años más tarde, Orville escribió que

fueron afortunados al crecer alentados a investigar cualquier cosa que les despertara curiosidad.

Al regresar de uno de sus viajes, Milton les entregó a Wilbur y a Orville un pequeño juguete de madera. Se parecía un poco a un helicóptero. El juguete tenía una hélice y se propulsaba con una liga elástica. Lo inventó el francés Alphonse Pénaud y podía planear en el aire, por algunos segundos, después de que la liga se enrollaba y soltaba.

Los hermanos Wright observaban asombrados y alborotados el pequeño juguete mientras revoloteaba por la casa. Tiempo después, Orville comentó que ellos trataron de hacer una versión más grande, pero no consiguieron que volara tan bien. El juguete sirvió de combustible para su imaginación e inspiró sus sueños de construir algún día una máquina voladora.

Capítulo 2
Impresores y editores

A fines de 1885, cuando Wilbur tenía dieciocho años de edad sufrió un accidente que cambió su vida. Mientras jugaba hockey con unos amigos

en un estanque helado, recibió un golpe en la cara con un palo de hockey y, entre otras lesiones, perdió algunos de sus dientes. Aunque su cara sanó, pronto comenzó a desarrollar problemas en el corazón y el estómago que le forzaron a abandonar la escuela y permanecer en su casa para recuperarse. Él quería llegar a ser maestro, así que esto lo deprimió mucho.

Sin embargo, al quedarse en su casa, pudo ayudar a su madre. Para esa época, Susan padecía de tuberculosis, una enfermedad de los pulmones que es mortal. Durante los años siguientes, Wilbur dedicó mucho tiempo a ayudarla y consolarla.

Milton escribió: "Rara vez, semejante entrega de un hijo ha sido igualada".

Cuando no estaba ayudando a Susan, Wilbur exploraba la inmensa biblioteca de su familia. Leyó libros de historia, ciencias, naturaleza y religión. Sus problemas de salud le impidieron terminar la secundaria, pero él nunca dejó de aprender.

A pesar de que la familia la cuidó con mucho empeño, Susan se debilitó y murió el 4 de julio de 1889.

Mientras Wilbur había dedicado tanto tiempo a cuidar a su madre, Orville había desarrollado otros intereses. Incluso, cuando aún estaba en secundaria, uno de sus muchos pasatiempos se convirtió en el primer negocio de los hermanos Wright.

A Orville le regalaron herramientas para grabar la madera y se interesó en la impresión porque esta se puede realizar utilizando tallas que se elaboran a partir de bloques de madera, y que luego se cubren con tinta y se presionan contra el papel. Su padre estuvo de acuerdo. Él siempre motivó a sus hijos a intentar cosas nuevas. Cuando Orville y su amigo Ed Sines establecieron su negocio de imprenta, Milton los ayudó encargándoles la impresión de sus tarjetas de presentación. Tiempo después, los dos amigos imprimieron un ejemplar de *The Midget*, la revista de su escuela.

Pronto, Orville quiso imprimir algo más que tarjetas pequeñas y papelería pero, en vez de comprar una imprenta más grande, se fabricó una propia. La prensa necesitaba una superficie grande y plana, que le sirviera de base.

Para ello, Orville consiguió ¡una lápida sin texto! Para finalizar la construcción, utilizó trocitos de madera y resortes de un viejo carruaje. Su padre y sus hermanos mayores le compraron unas piezas conocidas  como tipos para que las utilizara en la imprenta.

Siendo apenas un adolescente, Orville publicó su propio periódico con su nueva máquina, más grande. El primer número de *West Side News*

LAS PRENSAS

EN LA ÉPOCA DE LOS HERMANOS WRIGHT, SE IMPRIMÍA UTILIZANDO PEQUEÑOS TIPOS, CONFIGURADOS COMO LETRAS INDIVIDUALES, SIGNOS DE PUNTUACIÓN Y ESPACIOS. ESTOS MOLDES DE PLOMO SE ALINEABAN EN BARRAS PARA DELETREAR PALABRAS Y CREAR TEXTOS. UN RODILLO IMPREGNABA DE TINTA ESTAS BARRAS Y LA PRENSA HACÍA SU TRABAJO AL IMPRIMIR POR PRESIÓN SOBRE EL PAPEL, MIENTRAS ESTE PASABA A TRAVÉS DE LA MÁQUINA.

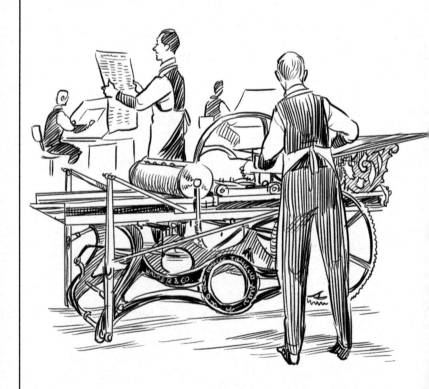

salió a la luz en Dayton, el 1.° de marzo de 1889. Este incluía publicidad local y artículos tomados de periódicos importantes. Orville cobraba cincuenta centavos al año por el semanario. Con su prensa ayudó también a su amigo Paul Dunbar a fundar *The Tattler*, el periódico para la comunidad afroamericana de Dayton. Para esta época en Ohio, los estudiantes afroamericanos y los blancos asistían a las mismas escuelas, a diferencia de muchos estados sureños. Esto no era un problema para los Wright. Inspirados por las enseñanzas del padre, creían en la igualdad de derechos para todas las personas.

Wilbur ya tenía experiencia ayudando a su padre con el periódico de la iglesia. Decidió vincularse al negocio de su hermano menor, convirtiéndose en el editor del *West Side News*. Más tarde pasó también a formar parte del negocio de impresión. El periódico propició una sociedad que duró por el resto de sus vidas. Se dieron cuenta de que, a pesar de tener diferentes personalidades y habilidades, podían trabajar juntos a la perfección.

Muchos años después, Wilbur escribió: "Desde que éramos pequeños, mi hermano Orville y yo vivíamos juntos… Hablábamos sobre nuestras ideas y aspiraciones. Casi todas las cosas que hicimos en la vida fueron el resultado de conversaciones, sugerencias y discusiones que compartimos".

Rápidamente, el semanario *West Side News* se convirtió en el diario *Evening Item*. Aunque este periódico solo duró unos pocos meses, la imprenta Wright and Wright fue muy exitosa. Imprimieron volantes, avisos publicitarios, papelería e invitaciones para los ciudadanos de Dayton.

En 1892, Orville eligió un nuevo pasatiempo… y los hermanos Wright tomaron un rumbo diferente.

Capítulo 3
Los Wright sobre ruedas

Para comienzos de la década de 1880, las bicicletas llevaban circulando más de medio siglo, pero la mayoría eran difíciles de manejar, costosas y, simplemente, peligrosas. En 1885, en Inglaterra, John Starley inventó "la bicicleta de seguridad". Tenía ruedas sólidas y una cadena que conectaba la rueda trasera con los pedales. Esto dio inicio a un furor de bicicletas que llegó a Estados Unidos en 1890, y aumentó las ventas en el país ¡en un millón doscientas mil unidades, en solo cinco años!

Las bicicletas se hicieron particularmente populares en ciudades pequeñas como Dayton porque eran mucho más fáciles de mantener que los caballos. No había que darles de comer y se podían guardar en cualquier lugar, no solo en los establos.

Además, nadie en Dayton usaba vehículos en ese entonces. Aunque ya se habían construido los primeros modelos, tuvieron que pasar algunas décadas antes de que los automóviles se volvieran populares.

En 1892, Orville y Wilbur compraron cada uno una bicicleta y comenzaron a montarlas. A Orville le gustaba andar a velocidad. Se inscribió y ganó algunas carreras en su pueblo. En cambio a Wilbur le agradaba pasear con la suya por las veredas.

Como sus amigos sabían que los hermanos eran buenos arreglando cosas, comenzaron a llevarles sus bicicletas a la imprenta para que se las reparasen. De repente, Orville y Wilbur se dieron cuenta de que podían iniciar ¡un nuevo negocio!

The Wright Cycle Exchange abrió sus puertas, en la calle 3 de Dayton, a finales de 1892. Los Wright reparaban bicicletas y vendían repuestos y llantas.

Los hermanos usaron su experiencia en el periódico para conseguir nuevos clientes. Imprimieron lo que parecía una edición de un periódico y la llenaron con publicidad e información sobre su tienda. Elaboraron un supuesto "examen" para estudiantes en el cual todas las respuestas eran sobre sus bicicletas. También, construyeron una bicicleta más grande para dos conductores pero, para atraer la atención de la gente, ¡le hicieron ruedas de cuatro pies de alto!

Además de vender diferentes marcas de bicicletas, los Wright decidieron crear la suya. Fabricaron muchos modelos de bicicletas. El más lujoso fue el Van Cleve y se vendía en $65, cantidad que

LA BICICLETA VAN CLEVE

equivalía a varios meses de salario de un trabajador. También hicieron una bicicleta más económica llamada St. Clair. Hoy en día, solo existen cinco bicicletas fabricadas por Wright Cycle Company.

Los hermanos aún vivían con su padre y Katharine. Para divertirse, visitaban amigos o los invitaban a su casa a escuchar música y cantar. Orville tocaba la mandolina y Wilbur, la armónica. Los hermanos no tenían mucho interés en salir con muchachas. De hecho, ninguno se casó.

Sin embargo, los hijos de su hermano mayor, Lorin, visitaban la casa con frecuencia y tanto a Orville como a Wilbur les encantaba jugar con ellos. Algunas veces, los sobrinos tenían que disputarse sus propios juguetes con sus tíos. A Wilbur y a Orville les encantaba manipular cualquier objeto que estuviese a su alcance.

Capítulo 4
Inspirados para volar

A comienzos de 1896, Orville se enfermó gravemente de fiebre tifoidea, una enfermedad que podía llegar a ser mortal. De nuevo, Wilbur se hizo cargo de un familiar enfermo. Katharine había regresado de Oberlin College, en Ohio, y también ayudó. A Orville le tomó seis semanas recuperarse.

Por fortuna, el negocio de la tienda de bicicletas no daba mucho trabajo durante el invierno, por lo que Wilbur pudo invertir tiempo en la biblioteca de la familia. También estaba al día con las noticias mundiales.

Las últimas décadas del siglo XIX fueron una era de esplendor para las invenciones. Thomas Edison creó la bombilla eléctrica y el fonógrafo; Alexander Graham Bell perfeccionó el teléfono y algunas personas estaban enfocadas en desarrollar los primeros automóviles. Otros inventores dirigían su mirada hacia el cielo. En todo el mundo, los hombres trataban de construir máquinas voladoras y experimentaban con planeadores. Los periódicos publicaban historias sobre sus intentos y fracasos.

LAS MÁQUINAS VOLADORAS

UN PLANEADOR ES UNA AERONAVE QUE SE MANTIENE EN EL AIRE SIN MOTOR. LA NAVE FLOTA CON LAS CORRIENTES DE AIRE. UN AVIÓN DE PAPEL ES UNA ESPECIE DE PLANEADOR. LOS GRANDES PLANEADORES FUERON LAS PRIMERAS NAVES CON ALAS EN LLEVAR UN PILOTO. LA HUMANIDAD HABÍA EXPERIMENTADO CON LOS PLANEADORES DURANTE SIGLOS Y, EN EL XV Y EL XVI, EL FAMOSO CIENTÍFICO ITALIANO LEONARDO DA VINCI CREÓ DIFERENTES DISEÑOS.

A LO LARGO DE LA HISTORIA, LOS INVENTORES PROBARON MUCHOS MODELOS DE PLANEADORES, CON ALAS ANCHAS, ALAS MÓVILES Y ALAS CORTAS. INTENTABAN REPRODUCIR EL VUELO DE LOS PÁJAROS. PARA FINALES DEL SIGLO XIX, LOS PLANEADORES SE TRANSFORMARON EN AVIONES AL INCORPORARLES MOTORES. CUANTO MAYOR FUERZA TUVIESE UN MOTOR, MAYOR ERA LA POSIBILIDAD DE QUE LA AERONAVE VOLASE. LOS PLANEADORES CONSTITUYERON LOS PRIMEROS PASOS DEL HOMBRE PARA HACER REALIDAD SU SUEÑO DE VOLAR.

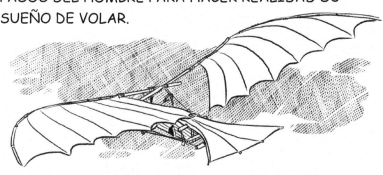

Samuel Langley fue uno de los pioneros de la aviación. Fue un científico famoso que dirigió el Instituto Smithsonian en Washington, D.C. En 1891, construyó un aparato propulsado a vapor al

que llamó *Aerodrome*. El primero no tenía espacio para pilotos, pero algunos modelos se llegaron a mantener en el aire por varios minutos.

El francés Octave Chanute también competía por volar. Fue un exitoso ingeniero ferroviario que trabajó en Estados Unidos. Usó sus conocimientos para diseñar alas que les permitieran a sus planeadores mantenerse en el aire. Llamó a uno de ellos *Saltamontes* por su parecido con ese insecto. Hizo sus pruebas en dunas cercanas al lago Míchigan. En 1894, escribió un libro sobre la evolución de los vuelos. Wilbur Wright leyó su libro y, con el tiempo, Wilbur y Chanute intercambiaron numerosas cartas sobre este tema.

El inventor alemán Otto Lilienthal fue, quizás, el aviador más exitoso. Hizo más de dos mil vuelos cortos en diferentes planeadores. Guardó notas precisas sobre el desempeño de cada modelo. Posteriormente, esta información ayudó a los Wright y a otros inventores a construir sus alas.

Lamentablemente, Lilienthal falleció en agosto de 1896, cuando su planeador se precipitó a tierra desde más de cincuenta pies de altura.

La meta de todos estos inventores era crear una máquina voladora que pudiera acomodar a un piloto, despegara por sí misma, se desplazara a través del aire y aterrizara sin peligro. Wilbur leyó sobre todos estos inventores y comenzó a considerar la idea de unirse a ellos en la carrera por crear esta máquina.

Durante los años siguientes, Wilbur estudió aviación mientras él y su hermano continuaron construyendo bicicletas. En 1899, leyeron un libro sobre pájaros que les dio nuevas ideas. Orville llegó a decir que no podían concebir que el hombre no pudiese construir a mayor escala y utilizar aquello que les permite a las aves volar.

Después de analizar la idea por algunos años, Wilbur le escribió al Instituto Smithsonian, en 1899, comunicándole que él y su hermano Orville "se interesaron en los vuelos

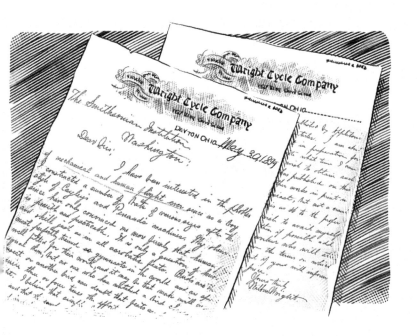

humanos" desde que su padre les regaló aquel helicóptero de juguete. Solicitaba cualquier documentación que tuviesen sobre vuelos y una lista de otras fuentes que pudiesen proveer información.

El instituto le envió un paquete de documentos y sugerencias sobre dónde acudir para obtener más información. Con esto, los Wright pusieron manos a la obra.

EL INSTITUTO SMITHSONIAN

El científico británico James Smithson dejó toda su herencia a Estados Unidos de América para fundar en Washington, bajo el nombre Instituto Smithsonian, un establecimiento para el incremento y difusión del conocimiento entre los hombres.

Aunque se fundó en 1847 como un centro de investigación científica, poco después comenzó a albergar varias colecciones gubernamentales, incluyendo miles de especímenes vegetales y animales, piedras, conchas, minerales y hasta frascos con agua de mar.

Ciudadanos y científicos estadounidenses, como Wilbur Wright, consideraron al Instituto Smithsonian como un lugar de gran conocimiento y aprendizaje.

Hoy día, el Instituto Smithsonian tiene diecinueve museos en Washington, D.C. y sus alrededores. Es el complejo de museos y de investigación más grande del mundo.

SE LE CONOCE COMO "EL ÁTICO DE LA NACIÓN" Y CONTIENE CIENTO TREINTA Y SIETE MILLONES DE OBJETOS. EL AVIÓN DE 1903 DE LOS HERMANOS WRIGHT ESTÁ COLGADO EN LA SALA PRINCIPAL DEL MUSEO NACIONAL DEL AIRE Y EL ESPACIO.

Capítulo 5
"¡Eso es ser feliz!"

Wilbur y Orville leyeron y hablaron sobre aviación durante todo el año siguiente. El primer paso para fabricar una máquina voladora era diseñar y construir un planeador.

Primero estudiaron los planeadores de inventores que ya habían fracasado. Concluyeron que para construir un avión tenían que resolver tres problemas:

- La fabricación de un motor que permitiese a la aeronave avanzar sola.
- La construcción de un ala que pudiese levantar el aparato.
- El control del aparato una vez que estuviese en el aire.

Los Wright pensaban que el motor sería el problema más fácil de resolver. Ellos ya habían construido uno pequeño para su tienda y otras personas habían tenido éxito fabricando motores de

diferentes tamaños. Así que decidieron dejar este problema para lo último.

Los Wright observaron las alas que Lilienthal y Chanute habían diseñado hasta el momento. Aprendieron que un ala debe estar curvada de tal modo que, cuando el aire se desplace sobre ella, produzca sustentación. Esta es la fuerza ascendente que, en oposición a la de la gravedad, mantiene a cualquier aparato volador en el aire, separado del suelo. Al igual que con los pájaros, la forma del ala debe ser la correcta. Los Wright probaron diferentes diseños y formas creados por ellos. Construyeron sus propias alas en acero, a pequeña escala.

El problema más difícil de resolver era cómo controlar el planeador.

Wilbur escribió que volar es la solución a un problema de equilibrio y control.

A medida que los Wright estudiaban y experimentaban, buscaban una respuesta a cómo puede un piloto hacer girar un avión y controlarlo mientras se mueve en el aire. Su experiencia con las bicicletas les fue muy útil. Para girarlas, el ciclista tiene que mover el manubrio hacia un lado. Pero también tiene que reclinarse hacia el lado que gira manteniendo el equilibrio. Los Wright pensaron que controlar una máquina voladora sería similar.

Un día, en la tienda de bicicletas, Wilbur encontró por casualidad una parte clave de la solución. Tomó por sus extremos una larga y delgada caja de cartón, que alguna vez almacenó la tripa de un neumático, y la torció. De repente, se dio cuenta de que tenía la respuesta: ¡Torcer las alas! Si ellos

lograban torcer ligeramente o curvar las alas de su planeador, eso podría ayudar al piloto a controlar los giros.

Los Wright resolvieron todos los problemas que enfrentaban dado que diseñaban sus planeadores basándose en la experimentación. Más que un trabajo, para ellos fue una diversión. La mayor destreza de Wilbur era que se le ocurrían ideas nuevas, y la habilidad de Orville para construir ayudó a materializarlas. Juntos, formaron un equipo perfecto.

Tiempo después, Orville recordaría cómo se sintieron durante esa primera época de descubrimientos. "Wilbur y yo casi no podíamos esperar el amanecer para emprender algo que nos interesaba. ¡Eso es ser feliz!".

A medida que continuaron trabajando en el planeador, los Wright compartieron sus ideas con su padre. A pesar de que él viajaba con frecuencia por asuntos de su iglesia, Milton los continuó apoyando en sus nuevos proyectos.

Wilbur le escribió a su padre una carta anunciándole que pronto partirían "para hacer experimentos con una máquina voladora. Creo que volar es posible… Pienso que existe la posibilidad de que esto nos proporcione fama y fortuna".

Capítulo 6
Rumbo a Kitty Hawk

Cuando su primer planeador estuvo listo, los Wright buscaron un lugar para probarlo. Necesitaban un viento estable, que lo ayudara a mantenerse en el aire, y arena, como la de una playa, para que el aterrizaje fuese suave. También querían un sitio donde no hubiese muchas personas que pudieran observar sus experimentos.

Wilbur escribió al Servicio Meteorológico de Estados Unidos para preguntar dónde podrían encontrar un lugar así. De una lista que le enviaron, Wilbur escogió Kitty Hawk, un pueblo en una de las pequeñas islas que conforman los Outer Banks de Carolina del Norte.

Aparte de un viaje a Chicago, para visitar la Exposición Mundial Colombina de 1893, los Wright no habían salido de Ohio desde que eran niños. En 1900, Wilbur ya contaba con treinta y tres años de edad y su primer viaje a Kitty Hawk constituyó toda una aventura.

Embaló todas las piezas del planeador e inició un largo viaje en tren hacia el sur. Al llegar a la costa, buscó una embarcación que lo llevara a la isla, pero el pueblo era tan diminuto que no tenía servicio regular de transbordador. Wilbur convenció a un pescador de que lo llevara con las cajas hasta la costa de Kitty Hawk.

¡La embarcación era vieja, tenía agujeros y era lenta! Los azotó una tormenta y Wilbur tuvo que ayudar a sacar agua del barco. La cocina le pareció sucia y repugnante por lo que, durante los dos días de

travesía, solo comió un frasco de mermelada que le había empacado su hermana Katharine.

Finalmente, Wilbur llegó cansado y mojado a las dunas de Kitty Hawk. Conoció al administrador de correos, Bill Tate, uno de los pocos habitantes del pueblo. Ambos habían mantenido correspondencia antes del viaje, por lo cual Tate conocía los planes de los hermanos. Muy agradecido, Wilbur se dejó caer en la cama que Tate le preparó en su casa.

Orville llegó muchos días después. Trajo comida y otros suministros. Juntos instalaron una tienda de campaña donde vivir. Más adelante, construyeron un galpón para el taller para los planeadores y los aviones, y otro para ellos dormir.

Kitty Hawk era un lugar muy distinto a la ciudad de Dayton, la cual es verde y frondosa. El viento soplaba casi todo el tiempo. El clima en invierno era frío y, con frecuencia, lluvioso. No existían tiendas en millas a la redonda, así que los Wright tenían que traer o conseguir de algún modo toda su comida.

Los jejenes y otros insectos los molestaban. Orville escribió, "los mosquitos nos picaban a través de la ropa interior y las medias. ¡Qué suplicio! ¡Qué suplicio!".

A pesar de todas las dificultades, Orville encontró cosas que le gustaron en este nuevo y extraño lugar. En una carta a Katharine, escribió: "Esta es una zona excelente para la pesca y la caza. Los bosques están llenos de animales salvajes y dicen que algunos osos andan merodeando".

Los Wright permanecieron en Kitty Hawk varias semanas durante cada uno de los siguientes tres inviernos. Probaron sus planeadores una y otra vez y, si algo se rompía, simplemente buscaban la manera de repararlo por su cuenta.

Construyeron sus planeadores con madera y tela. Unieron las piezas con alambre y unos pocos

ganchos o soportes metálicos. Aún no tenían un motor ni habían logrado solucionar el problema del control. Las alas de la mayoría de sus planeadores medían entre veinte y treinta pies de ancho.

Los hermanos pilotaban sus planeadores acostados boca abajo sobre ellos. Lograban impulsarlos hacia el cielo con la ayuda de Bill Tate y otros hombres del pueblo que corrían por una duna, cuesta abajo, sujetándolos. Cuando los soltaban, el piloto de turno tomaba el control. Algunos vuelos

duraron alrededor de medio minuto, pero la mayoría solo alcanzó unos pocos segundos. Los Wright aprendieron algo nuevo con cada vuelo e, incluso, con cada aterrizaje forzoso. Comprendieron, cada vez más, lo que permite a los objetos volar y, así, se fueron convirtiendo en expertos.

Después de los ensayos de 1901, Wilbur dio una conferencia en Chicago, a un grupo de ingenieros, describiendo lo que habían aprendido. Era la primera vez que el trabajo de los hermanos Wright se hacía público. Como a Orville lo aterrorizaba hablar en público, delegó en su hermano la responsabilidad de ser el portavoz de la misión.

En 1902, los hermanos regresaron a Kitty Hawk con un nuevo diseño de planeador. Construyeron esta versión mejorada aplicando las lecciones que habían aprendido en sus primeros vuelos. Tenían

muchas esperanzas pero los primeros ensayos no dieron buen resultado. Con frecuencia, el planeador giraba en círculos en vez de volar recto. Una noche, mientras Orville escuchaba el aullido del viento, sentado en su litera, se le ocurrió una idea: ¿Qué pasaría si la cola del planeador se moviese junto con las alas? Eso, quizás, podría prevenir que diera vueltas. En la mañana, le explicó su plan a Wilbur y lo probaron. ¡Funcionó! Una vez más, los hermanos usaron el trabajo en equipo y el debate de ideas para resolver un problema.

Al poco tiempo, el planeador de 1902 remontó el vuelo sobre las dunas. El 23 de octubre, Orville voló más de seiscientos veintidós pies, en veintiséis segundos, estableciendo así la nueva marca mundial para el vuelo más largo hecho con un planeador.

Ahora estaban seguros de que podían construir un avión a motor. Cansados, pero felices, regresaron a Dayton.

Capítulo 7
Los primeros vuelos

Durante el año siguiente, los hermanos Wright trabajaron en Dayton en una versión más grande y mejorada de su planeador. Le añadieron un motor y hélices, transformándolo así en su primer avión. En diciembre de 1903, consideraron que estaban listos para probarlo.

Por poco fue demasiado tarde. El 8 de diciembre de 1903, Samuel Langley realizó el lanzamiento de su última versión del *Aerodrome*, un modelo pilotado. Sin embargo, apenas despegó, se desplomó en el río Potomac, al sur de Washington, D.C. El piloto tuvo que ser rescatado del agua fría.

Wilbur le escribió una carta a Chanute en la que le decía: "Supe que Langley hizo su intento… Parece que ahora nos toca lanzar a nosotros… Me pregunto si tendremos suerte".

Una vez más, los Wright viajaron a Kitty Hawk. Ensamblaron su nuevo aparato en el galpón que

habían construido el año anterior. Llamaron a su avión *Wright Flyer*. Luego, esperaron a que hiciera un tiempo perfecto. Necesitaban viento, aunque no demasiado, y no querían volar con lluvia.

El 14 de diciembre, las condiciones eran perfectas. Para decidir quién volaría primero, los hermanos lanzaron una moneda y Wilbur ganó. Sin embargo, la primera prueba del *Wright Flyer* fracasó. Solo pudo elevarse unos pocos pies antes de que el motor parase, y se estrelló provocando que algunas piezas pequeñas se rompieran.

Para el 17 de diciembre, ya se habían hecho todas las reparaciones y, de nuevo, las condiciones eran perfectas. Los hermanos se levantaron temprano y desayunaron bien. Colgaron sobre su vivienda una gran bandera. Era una señal para los hombres de la Estación de Salvavidas de Estados Unidos (versión antigua de la Guardia Costera) que vivían en la playa, avisándoles que necesitaban ayuda para mover el pesado avión y posarlo sobre la arena en la posición correcta.

A las 10:35 de la mañana, ya los hombres habían llegado y colocado el avión sobre el carril de salida, una larga y delgada plataforma sobre la que se deslizaría antes de arrancar. El primer *Wright Flyer* no tenía ruedas. Le pidieron a uno de los hombres

presentes, John T. Daniels, que tomara una foto del despegue, pero ¡él nunca antes había tomado una fotografía! Wilbur preparó la cámara y le explicó que, para tomarla, simplemente debía apretar una pequeña pelota de goma que le mostró.

Los hermanos revisaron cuidadosamente el avión. A continuación, se dieron la mano, lo cual no era su costumbre antes de realizar un vuelo. Tiempo después, Daniels reveló que parecía que los Wright "no estaban seguros de que volverían a verse de nuevo".

Orville se acostó en el área donde estaban los controles del piloto y Wilbur se quedó parado, al final del ala, para mantener la nave estable mientras se encendía el motor. Lentamente, el *Wright Flyer* descendió por el carril mientras que Wilbur corría

a su lado, sosteniendo el ala. Al llegar al final del carril, ¡el avión se elevó hacia el cielo! Daniels tomó la foto, capturando así este momento histórico.

¡Un ser humano estaba volando de verdad!

El primer vuelo de Orville duró solo doce segundos y recorrió apenas ciento veinte pies; pero lo había hecho propulsado por un motor, controlando la dirección y logrando un aterrizaje

seguro. ¡Los hermanos Wright habían inventado el avión!

En la playa, los hombres rodearon a Orville mientras aplaudían y lo felicitaban. De nuevo, Wilbur y su hermano se dieron la mano.

Durante el siguiente par de horas, los Wright realizaron tres vuelos más. Wilbur hizo el último, el cual fue el mejor del día y, hasta ese momento, el mejor de todos los tiempos. Se mantuvo en el aire por cincuenta y nueve segundos y voló ochocientos cincuenta y dos pies, más de dos campos de fútbol americano.

Mientras Wilbur descendía del avión y los demás hombres lo felicitaban, una repentina ráfaga de viento levantó la nave y la hizo rodar por la playa. John Daniels trató de agarrarla por un ala, pero fue arrastrado entre los escombros. No se lesionó pero, más adelante, se jactó de ser ¡el primer sobreviviente de un accidente aéreo!

Sin embargo, el *Wright Flyer* sufrió daños considerables. Estaba desperdigado por toda la arena. Los Wright recogieron lo que pudieron y guardaron los restos en el hangar. Después, se fueron a pie al pueblo a enviar un telegrama a su casa en Dayton. Parte del mensaje decía: "Éxito… cuatro vuelos… el más largo 57 segundos… regresamos para Navidad".

El telegrafista cometió un error al poner cincuenta y nueve segundos en lugar de cincuenta y siete. Pronto, comenzaron a difundirse otras informaciones erradas sobre el vuelo. Un periódico de

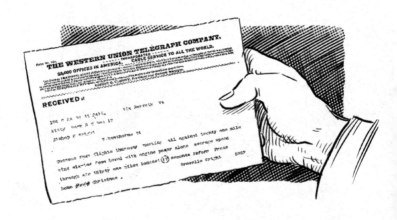

Virginia publicó que los Wright se habían elevado hasta ¡tres millas sobre el océano! Increíblemente, ¡la gran prensa no cubrió la noticia! Al no haber sido testigos del vuelo del avión, muchos periodistas pensaron que los Wright la habían inventado.

Sin embargo, el telegrama fue recibido con alegría en el hogar de los Wright, en Dayton. Milton Wright lo leyó y luego le comunicó a su familia que los muchachos habían logrado volar.

Capítulo 8
¿Pilotos o mentirosos?

Durante el viaje de regreso a Dayton, Wilbur comenzó a preguntarse qué harían con su "bebé". Los hermanos sabían que habían construido un avión exitoso, pero también sabían que podían hacerlo mejor.

Con su nuevo diseño de avión, ya no necesitaban los fuertes vientos ni la suave arena de Kitty Hawk por lo que Huffman Prairie, un campo cercano a Dayton, se convirtió en su nuevo escenario de pruebas. Durante los dos años siguientes, los Wright hicieron allí docenas de ensayos de vuelo. Fabricaron otras versiones del avión que pudieran volar más rápido y más lejos. El *Wright Flyer* de 1905 era el mejor hasta la fecha. En una ocasión, Orville voló en círculos sobre el campo, a gran altura, durante casi una hora. Los vecinos salieron para ver a "los muchachos" hacer su trabajo. Una línea del tranvía circulaba a un costado del campo, y a veces los pasajeros observaban asombrados cómo los hermanos se elevaban por el cielo. También Milton salió orgulloso a contemplar lo que sus hijos habían logrado.

Aunque muchos vecinos vieron volar a los Wright, fuera de Dayton fueron pocas las personan que se dieron cuenta de lo que ellos habían alcanzado. Los hermanos no permitieron fotógrafos durante sus ensayos por lo que aquellas personas que no los habían observado carecían de pruebas que corroboraran la historia. Muy pocos periodistas se molestaron en viajar a Ohio para presenciar las pruebas y, en consecuencia, los periódicos no cubrieron la noticia.

Los hermanos Wright continuaron trabajando. Cuando perfeccionaron su avión de 1905, buscaron un modo de venderlo. Habían incursionado en la aviación simplemente para experimentar y aprender pero también sabían que el éxito les podría traer, a su vez, dinero.

Cuando Orville y Wilbur ya tuvieron el avión de 1905 listo, dejaron de volar por casi tres años para prevenir algo que les preocupaba mucho: que les robasen la idea. Durante ese tiempo, trabajaron arduamente en vendérsela al ejército de Estados Unidos. Pensaban que el nuevo invento podría ser útil para los militares pero, para su sorpresa, estos contestaron que no estaban interesados. Muchas personas ya les habían escrito al ejército y al gobierno asegurando que habían inventado aparatos voladores, así que el ejército pensó que los Wright eran más de lo mismo: unos chiflados, con ideas descabelladas, que no habían tenido éxito.

En la primavera de 1908, los Wright regresaron a Kitty Hawk para probar las mejoras que le habían hecho a su avión. Algunos periodistas aún le seguían la pista a los rumores sobre los hermanos

que podían volar y también se trasladaron al lugar, sin avisarles. Se escondieron entre los árboles, cerca de la playa, y observaron con sus binoculares cómo Orville y Wilbur volaban su avión una y otra vez. Por primera vez, periódicos de Nueva York y de París publicaron artículos sobre el éxito de los Wright en el aire. Más tarde, Orville aseguró que ¡ellos sabían que los estaban observando!

En Francia, donde vivían muchos pioneros de la aviación, no todo el mundo creyó en el contenido de estas reseñas. Un periódico francés cuestionó si los Wright eran "¿pilotos o mentirosos?".

Para acabar con todas las dudas, los Wright planificaron exhibir su trabajo en dos importantes escenarios. Wilbur viajó a Francia para volar en París y Orville, finalmente, logró que el ejército de Estados Unidos aceptara conocer el avión. Viajó hasta Fort Myer, en Virginia, para mostrar lo que habían logrado.

Capítulo 9
Fama mundial

Wilbur pasó varias semanas en París armando su avión. Entretanto, docenas de expertos se acercaban al taller para formular una infinidad de preguntas. Gracias a las contribuciones del piloto Alberto Santos-Dumont y de otros inventores, los aviadores franceses se consideraban, a sí mismos, los pioneros de la aviación, y no querían que un estadounidense apareciera y les robase su gloria.

El 8 de agosto de 1908, cientos de personas acudieron a la demostración que Wilbur realizó en el área central de una pista de carreras de caballos de Le Mans, un pueblo cercano a París.

Wilbur colocó su avión en la rampa de lanzamiento. Una película, filmada en el momento, lo muestra revisando el avión y el motor con sumo

cuidado. Cuando todo estuvo listo, se sentó y ajustó los controles.

"Señores, voy a volar", dijo en medio del ruido de los motores.

Se elevó al cielo y circundó el campo ante la mirada atónita de los espectadores. Hizo piruetas en forma de ocho, voló alto y después rasante, cerca de sus cabezas.

Los franceses admitieron la derrota. Un periódico escribió: "Nos han ganado. No es un simple logro sino un triunfo que revolucionará el mundo".

Las noticias de Francia finalmente convencieron al mundo. Aunque los hermanos llevaban cinco años volando, muy pocos conocían sus logros y, aún menos, les creyeron. Los vuelos en París eran la prueba irrefutable. El avión de los Wright voló… y ahora todo el mundo lo sabía.

Wilbur voló en el mismo recinto por varios días más. Con cada vuelo, aumentaba el público, y miles llegaron a ver este extraordinario invento. De la noche a la mañana, Wilbur se convirtió en una estrella en Francia. Su foto apareció en revistas y periódicos y fue invitado a cenas y eventos especiales. Las tiendas de París comenzaron a vender copias de la gorra que usó en los vuelos. La llamaban la "Veelbur Reet", que era como los franceses pronunciaban su nombre. Wilbur manejó bien

EL PRIMER FRANCÉS

ALBERTO SANTOS-DUMONT NACIÓ EN BRASIL PERO PASÓ LA MAYOR PARTE DE SU VIDA EN FRANCIA. TAMBIÉN PASÓ CIENTOS DE HORAS EN EL AIRE. SU FAMILIA POSEÍA UNA GRAN FORTUNA, PROVENIENTE DE HACIENDAS CAFETALERAS EN SU PAÍS NATAL, Y ÉL USÓ PARTE DE SU DINERO EN LA CONSTRUCCIÓN DE ENORMES GLOBOS AEROSTÁTICOS DE LOS QUE COLGABA UNA CESTA DONDE VIAJABA EL PILOTO. GANÓ VARIOS PREMIOS EN FRANCIA POR VOLAR SU GLOBO A MAYOR VELOCIDAD Y DISTANCIA QUE MUCHOS OTROS. SE HIZO FAMOSO COMO UNO DE LOS MEJORES PILOTOS DE GLOBOS DE TODO EL MUNDO.

QUISO HACER MÁS Y ESTO LO LLEVÓ A TRABAJAR, POR VARIOS AÑOS, EN EL DISEÑO DE UN AVIÓN. DESPUÉS DE VARIOS INTENTOS

FALLIDOS, EN 1906 LOGRÓ TENER CIERTO ÉXITO CON SU MODELO 14-BIS, QUE LLEGÓ A VOLAR CERCA DE SEISCIENTOS PIES.

SIN EMBARGO, SOLO VOLÓ EN LÍNEA RECTA, SIN PODER GIRAR. ADEMÁS, REALIZÓ SU VUELO TRES AÑOS DESPUÉS DE LOS PRIMEROS QUE HICIERON LOS HERMANOS WRIGHT EN 1903. LA MAYORÍA DE LOS EUROPEOS CONSIDERABAN A SANTOS-DUMONT "EL PRIMERO EN VOLAR" PORQUE, PARA ESA ÉPOCA, POCAS PERSONAS CREÍAN EN LOS LOGROS DE LOS HERMANOS. WILBUR WRIGHT PROBÓ LO CONTRARIO CON LAS DEMOSTRACIONES QUE HIZO EN PARÍS, EN 1908.

toda la atención y, aunque no le gustaba mucho, sabía que la fama les ayudaría a él y a Orville a vender su invento.

Al mes, Orville repitió en Virginia el éxito que había alcanzado Wilbur en Francia. Autoridades gubernamentales, oficiales del ejército y civiles dirigieron su atención al cielo y observaron a Orville elevarse sobre una multitud que lo ovacionaba y gritaba.

El hijo homónimo del presidente Teddy Roosevelt estaba presente y, en una oportunidad, relató: "Nunca olvidaré los gritos ahogados de asombro… era un sonido de sorpresa absoluta".

Finalmente, el ejército de Estados Unidos contrató a los hermanos para que le fabricasen aviones y para entrenar pilotos.

Wilbur permaneció en Francia hasta el final del año. Durante sus exhibiciones, permitió a más de cincuenta personas, incluyendo a ¡un niño de once años de edad!, realizar su primer vuelo en avión. Para mostrar la capacidad del *Wright Flyer*, participó en competencias y conquistó varios premios por la distancia y la altura que logró alcanzar. El premio más grande fue de veinte mil francos (unos 4,000 dólares) por realizar el vuelo más largo de 1908. Lo hizo el 28 de diciembre y duró más de dos horas.

A comienzos de 1909, Orville y Katharine se reunieron con Wilbur en Europa y emprendieron

juntos, como familia, una gira triunfal. Los hermanos volaron frente a los reyes Eduardo VII de Inglaterra, Víctor Emanuel de Italia y Alfonso XIII de España. Durante un vuelo en Italia, Wilbur llevó a bordo a un camarógrafo, que filmó la primera película que se ha hecho desde un avión. En esa época, Katharine también realizó sus primeros vuelos con sus hermanos.

Aunque ahora eran mundialmente famosos, los Wright continuaron siendo los mismos hombres tranquilos, callados y pensativos de Ohio. El resto de su familia permanecía atenta y orgullosa en Estados Unidos. Milton les escribió a sus hijos: "Sean hombres del más alto nivel", a lo cual Wilbur le respondió: "Estoy seguro de que Orville y yo nunca haremos nada que deshonre la educación que recibimos de ti y de mamá".

Al regresar de Europa, los elogios continuaron en Estados Unidos. Los hermanos recibieron medallas de oro del Congreso y del Instituto Smithsonian, así como premios otorgados por aeroclubes.

El presidente William Howard Taft los invitó a la Casa Blanca para felicitarlos por sus logros.

Al culminar su larga gira, los Wright regresaron a su hogar. La ciudad de Dayton organizó la Celebración de Bienvenida para los Hermanos Wright. Tocaron bandas, se lanzaron fuegos artificiales, un grupo enorme de estudiantes formó una "bandera humana" y se pronunciaron discursos. Fue un jubiloso recibimiento.

Capítulo 10
Su legado en el aire

Después de la celebración en Dayton, los hermanos comenzaron nuevamente a trabajar. Tenían que fabricar aviones para el ejército y querían mostrar sus habilidades a sus compatriotas. Orville se quedó en casa para comenzar a formar su nueva compañía de aviones, mientras que Wilbur añadió otro increíble vuelo a su carrera.

En octubre de 1909, la ciudad de Nueva York llevó a cabo una gran celebración en honor de Henry Hudson, el explorador holandés que, hacía trescientos años, había navegado por primera vez por todo el río Hudson. Durante la conmemoración,

cientos de barcos llenaron el puerto de la ciudad y más de un millón de personas llenaron las calles de Manhattan. Wilbur les ofreció todo un espectáculo al volar con un *Wright Flyer* alrededor del puerto de Nueva York y darle la vuelta a la Estatua de la Libertad. Luego, voló sobre el río Hudson ante la mirada de las personas que se encontraban en los muelles y las azoteas de la ciudad.

Poco tiempo después de que Wilbur regresara de Nueva York, la empresa Wright Airplane Company abrió sus puertas en Dayton. Constaba de una gran fábrica y un depósito. Contrató docenas de hombres para construir los aviones que se venderían al ejército de EE. UU. y a compañías europeas. Adicionalmente, los Wright comenzaron a formar

pilotos. Wilbur y Orville fueron las primeras personas en volar pero sabían que, para que su nuevo negocio pudiera prosperar, era necesario que otros aprendieran también a hacerlo. Uno de los pilotos que entrenaron, en 1911, fue Calbraith Rodgers.

El éxito de los Wright inspiró a otros a incursionar en el negocio de los aviones. Algunas compañías trataron de usar las ideas y diseños de Wilbur y Orville sin su autorización por lo que, durante algunos años, los hermanos lucharon para proteger

sus inventos. Wilbur estaba tan ocupado demandando a imitadores que no tenía tiempo para volar.

Viajó a Francia, Alemania e Inglaterra para defender el invento en los tribunales europeos. Hizo su último vuelo en mayo de 1910 por los mismos días en que Orville llevó a su padre a volar por primera vez.

Wilbur había trabajado y viajado, sin descanso, por años. Durante una visita a Boston, en la primavera de 1912, cayó gravemente enfermo de fiebre tifoidea. Aunque los doctores hicieron todo lo que pudieron, Wilbur falleció el 30 de mayo, en Dayton, rodeado de su familia. Tenía solo cuarenta y cinco años de edad.

Su padre escribió que su hijo vivió "una vida corta, pero trascendente".

Tras la muerte de Wilbur, Orville sentía que no era lo mismo dirigir Wright Company sin su hermano a su lado. Perdió interés y, en 1915, vendió su parte de la empresa en un millón de dólares y se retiró.

CALBRAITH RODGERS Y EL VIN FIZ

CALBRAITH RODGERS FUE LA PRIMERA PERSONA EN CRUZAR EL PAÍS, A TODO LO LARGO, POR EL AIRE. EL 17 DE SEPTIEMBRE DE 1911, DESPEGÓ DE NUEVA YORK AL MANDO DE UN AVIÓN WRIGHT, LLAMADO *VIN FIZ*, EN ALUSIÓN A LA COMPAÑÍA DE REFRESCOS DE UVA QUE PATROCINÓ EL PROYECTO. COMO NO HABÍA CAMPOS ILUMINADOS, RODGERS SOLO PODÍA VOLAR DURANTE EL DÍA, LO CUAL HIZO QUE EL VIAJE TUVIESE MUCHAS ESCALAS. UN TREN ESPECIAL SEGUÍA SU RUTA PARA PROVEERLE COMBUSTIBLE Y UN LUGAR DONDE DORMIR CADA NOCHE. LA NOVEDAD ATRAJO MULTITUDES Y PUBLICITÓ LA GASEOSA POR DONDEQUIERA QUE EL AVIÓN PASABA.

NO TODO EL VIAJE TRANSCURRIÓ SIN CONTRATIEMPOS. RODGERS ESTRELLÓ EL AVIÓN MÁS DE UNA DOCENA DE VECES. SUFRIÓ VARIAS LESIONES Y, EN UNA OCASIÓN, PASÓ DOS DÍAS HOSPITALIZADO. TUVO QUE FIJAR UNAS MULETAS AL AVIÓN PORQUE LAS NECESITABA PARA CAMINAR DESPUÉS DE CADA ATERRIZAJE. A PESAR DE TODO, PERSEVERÓ Y FINALMENTE LLEGÓ A LONG BEACH, CALIFORNIA, EL 10 DE DICIEMBRE. HABÍA RECORRIDO MÁS DE CUATRO MIL MILLAS, EN UN TOTAL DE OCHENTA Y DOS HORAS, DURANTE OCHENTA Y CUATRO DÍAS. RODGERS SE CONVIRTIÓ, ASÍ, EN LA PRIMERA PERSONA EN CRUZAR ESTADOS UNIDOS VOLANDO.

Orville vivió en Hawthorn Hill, la enorme mansión que los hermanos diseñaron en Dayton. Esta se convirtió en el hogar de Orville, Milton y Katharine Wright durante gran parte del resto de sus vidas. En 1926, Katharine se casó con Harry Haskell, un hombre que había conocido en el Oberlin College, donde estudió para ser maestra. Lamentablemente, Katharine murió de neumonía apenas tres años después.

Orville continuó promocionando los *Wright Flyers* y la idea de viajar en avión. En 1932, participó en la inauguración de uno de los puntos de referencia de Kitty Hawk: el Monumento Nacional a los Hermanos Wright, el más grande que se había erigido en Estados Unidos para honrar a una persona viva. De regreso en casa, Orville nunca paró de hacer cosas. Con frecuencia, trabajaba en los sistemas de plomería y calefacción de Hawthorn

Hill. Fabricó un payaso bailarín de madera, para sus sobrinos, así como otros juguetes.

En los años que transcurrieron después de la muerte de Wilbur, Orville observó cómo su invento transformó el mundo. Los aviones se volvieron más grandes y rápidos. La gente sobrevoló los océanos y viajó por todo el mundo. Durante la Segunda Guerra Mundial, Orville pudo apreciar el poder de sus aviones en combate. Vivió lo suficiente para ver la creación de los jets y leer sobre el primer avión que rompió la barrera del sonido. Tras sufrir dos ataques al corazón, Orville Wright murió en 1948, a la edad de setenta y seis años.

En 1969, los astronautas estadounidenses Neil Armstrong y Buzz Aldrin se

convirtieron en los primeros hombres en llegar a la luna. En la cápsula espacial, llevaban piezas pequeñas de los primeros aviones de los hermanos Wright, honrando así a los pioneros de la aviación.

Hoy día, es inconcebible imaginar el mundo sin aviones. A través de sus ideas brillantes, su trabajo arduo y su determinación, los hermanos Wright le regalaron a la humanidad su futuro en el aire.

LÍNEA CRONOLÓGICA DE LA VIDA DE LOS HERMANOS WRIGHT

1867 — Wilbur Wright nace en Indiana.

1871 — Orville Wright nace en Ohio.

1889 — Los hermanos publican el periódico *West Side News*, en Dayton.

1892 — Crean Wright Cycle Exchange para reparar y vender bicicletas.

1899 — Empiezan a trabajar formalmente en el diseño de su primer planeador.

1900 — Los Wright hacen su primer viaje a Kitty Hawk, Carolina del Norte, para probar sus diseños de planeador.

1902 — Los Wright vuelan su planeador más exitoso.

1903 — El avión de los hermanos Wright se convierte en el primero de la historia en volar.

1905 — Cerca de su hogar en Dayton, los Wright perfeccionan el diseño de su avión.

1908 — Gracias a las exitosas demostraciones en París y en Virginia, el mundo finalmente se convence del logro de los hermanos Wright.

1909 — Los Wright crean una compañía para construir aviones.

1912 — Wilbur Wright muere a los cuarenta y cinco años de edad.

1915 — Orville Wright vende su parte de la empresa de aviones Wright.

1929 — Katharine Wright muere a los cincuenta y cuatro años de edad.

1932 — Se inaugura en Kitty Hawk un monumento a los hermanos Wright.

1948 — Orville Wright muere a los setenta y seis años de edad.

LÍNEA CRONOLÓGICA DEL MUNDO

Yellowstone se convierte en el primer Parque Nacional. — **1872**

Se termina e inaugura la Estatua de la Libertad, — **1886**
en el puerto de Nueva York.

Se lleva a cabo en Chicago la Gran Exposición — **1893**
Colombina y Feria Mundial.

Se realizan los primeros juegos olímpicos de la — **1896**
era moderna en Atenas, Grecia.

La compañía Ford presenta el Modelo T, uno de los — **1908**
primeros vehículos fabricados para la venta masiva.

El *Titanic* se hunde en su viaje inaugural, de Inglaterra — **1912**
a Estados Unidos.

Comienza en Europa la Primera Guerra Mundial. — **1914**

La Revolución Rusa saca del poder al zar y establece — **1917**
un gobierno comunista.

Se estrena *El cantante de jazz*, la primera película — **1927**
con sonido sincronizado.

Tras el desplome de la bolsa de valores de Estados Unidos, — **1929**
comienza la Gran Depresión.

Estalla la Segunda Guerra Mundial en Europa. — **1939**

Aviones estadounidenses arrojan dos bombas atómicas — **1945**
sobre ciudades japonesas, propiciando el final
de la Segunda Guerra Mundial.

La nave espacial estadounidense *Apolo XI* aluniza. — **1969**
Neil Armstrong y Buzz Aldrin se convierten en los primeros
humanos en caminar por la Luna.

El *Columbia* es el primer transbordador espacial en despegar — **1981**
y aterrizar después de visitar el espacio.

Colección ¿Qué fue...? / ¿Qué es...?

El Álamo	La isla Ellis
La batalla de Gettysburg	La Marcha de Washington
El Día D	El Motín del Té
La Estatua de la Libertad	Pearl Harbor
La expedición de Lewis y Clark	Pompeya
La Fiebre del Oro	El Primer Día de Acción de Gracias
La Gran Depresión	El Tren Clandestino

Colección ¿Quién fue...? / ¿Quién es...?

Albert Einstein	La Madre Teresa
Alexander Graham Bell	Malala Yousafzai
Amelia Earhart	María Antonieta
Ana Frank	Marie Curie
Benjamín Franklin	Mark Twain
Betsy Ross	Nelson Mandela
Fernando de Magallanes	Paul Revere
Franklin Roosevelt	El rey Tut
Harriet Beecher Stowe	Robert E. Lee
Harriet Tubman	Roberto Clemente
Harry Houdini	Rosa Parks
John F. Kennedy	Tomás Jefferson
Los hermanos Wright	Woodrow Wilson
Louis Armstrong	